This book belongs To:

....

....

 Mandala

Mandala

 Mandala

 Mandala

Mandala

Mandala

 *Mandala*

 Mandala

 *Mandala*

 *Mandala*

Mandala

 Mandala

 Mandala

 Mandala

 Mandala

Printed in the USA
CPSIA information can be obtained
at www.ICGtesting.com
LVHW082309261124
797734LV00040B/1774